Nicole Lindner

Psychisch kranke Eltern

Eine Herausforderung für die Kinder- und Jugendhilfe

GRIN Verlag

Bibliografische Information der Deutschen Nationalbibliothek:

Die Deutsche Bibliothek verzeichnet diese Publikation in der Deutschen National-bibliografie; detaillierte bibliografische Daten sind im Internet über http://dnb.d-nb.de/ abrufbar.

Impressum:

Copyright © 2012 GRIN Verlag GmbH
Druck und Bindung: Books on Demand GmbH, Norderstedt Germany
ISBN: 978-3-656-33619-8

Dieses Buch bei GRIN:

http://www.grin.com/de/e-book/206365/psychisch-kranke-eltern

GRIN - Your knowledge has value

Der GRIN Verlag publiziert seit 1998 wissenschaftliche Arbeiten von Studenten, Hochschullehrern und anderen Akademikern als eBook und gedrucktes Buch. Die Verlagswebsite www.grin.com ist die ideale Plattform zur Veröffentlichung von Hausarbeiten, Abschlussarbeiten, wissenschaftlichen Aufsätzen, Dissertationen und Fachbüchern.

Besuchen Sie uns im Internet:

http://www.grin.com/

http://www.facebook.com/grincom

http://www.twitter.com/grin_com

Fachhochschule Frankfurt - University of Applied Sciences
Fachbereich 4: Soziale Arbeit und Gesundheit
Studiengang Soziale Arbeit (B.A.)

Hausarbeit

Modul 14
Vertiefungsmodul Gesellschaft und Persönlichkeit
- Kindesschutz

Sommersemester 2012

vorgelegt von:
Nicole Lindner
6. Semester

Abgabetermin: August 2012

1

Inhaltsverzeichnis

1 Psychisch kranke Eltern: Eine Herausforderung für die Kinder- und Jugendhilfe

Der Anteil psychisch kranker Eltern in psychiatrischen Einrichtungen und Institutionen beträgt 12,2 % aller behandelten Patienten. Der Anteil der Kinder mit psychisch kranken Eltern in den Hilfen zur Erziehung beträgt 11,4 %, wobei der Anteil durch die fallverantwortlichen Fachkräfte im Jugendamt noch viel höher eingeschätzt wird. In den nicht erfassten Fällen sind die Eltern nicht bereit, Diagnosen vornehmen zu lassen[1]. Diese Zahlen machen deutlich, dass Kinder psychisch kranker Eltern nicht nur eine große Zielgruppe der Kinder- und Jugendhilfe sind, sondern psychisch kranke Eltern auch eine relativ große Gruppe in psychiatrischen Einrichtungen und Institutionen darstellen. In dieser Arbeit soll es darum gehen, welche Auswirkungen psychische Erkrankungen der Eltern auf die Erziehungsfähigkeit und die Entwicklung der Kinder haben. Der Blick wird anschließend auf die Hilfemöglichkeiten und Kooperationsanforderungen der Psychiatrie und des Jugendamtes, als die wichtigen und relevanten Institutionen in Hinblick auf die Zusammenarbeit mit psychisch kranken Eltern und deren Kinder, gerichtet.

1.1 Was sind psychische Erkrankungen?

„Eine Klassifikation stellt somit eine spezifische Art und Weise dar, psychische Störungen zu einem bestimmten Zeitpunkt zu sehen und zu ordnen. Insofern sind Diagnosen wissenschaftliche und soziale Konstrukte, welche die gegenwärtige Sicht auf Krankheit und Gesundheit repräsentieren. Je nach kulturellem, zeitlichem oder wissenschaftlichem Hintergrund werden mehr oder weniger Menschen als psychisch krank definiert."[2] . Das zeigt die Schwierigkeit, psychische Krankheiten zu erkennen und zu diagnostizieren. Symptome psychischer Erkrankungen liegen immer in einem Spannungsfeld der Definition von „Normalem" und „Abweichendem". In der diagnostischen Praxis dient das ICD 10 als Klassifizierungshilfe[3]. In den psychiatrischen Einrichtungen und Institutionen sind die häufigsten psychischen Erkrankungen der Eltern Schizophrenien (41,2 %), Depressionen (35,9 %), Angst- und Zwangsstörungen (15,4 %) und Persönlichkeits- und Borderlinestörungen (6,9 %). Kinder in den Hilfen zur Erziehung sind am häufigsten mit Depressionen (39,5 %), Angst- und Zwangsstörungen (20,4 %), Intelligenzminderungen (14,6 %), Abhängigkeiten (12,7 %), Schizophrenien (12,1 %) und Borderline-Störungen (6,4 %) der Eltern/ eines Elternteils konfrontiert[4].

---

[1] vgl. Schone/ Wagenblass 2002: 63, 65-66
[2] Schone/Wagenblass 2002:32
[3] vgl. Schone/Wagenblass 2002: 32
[4] vgl. Schone/Wagenblass 2002: 86

1.2 Einschätzung der Erziehungsfähigkeit des/ der Erkrankten

In der Risikofaktorenforschung hat sich herauskristallisiert, dass psychische Erkrankungen von Eltern ein Risiko für das Kindeswohl darstellen[5]. Im Rahmen einer Fallerhebung bei 16 Jugendämtern im gesamten Bundesgebiet ergab sich, dass in 27 % der gesamten Fälle, die vor dem Familiengericht aufgrund eines Sorgerechtsverfahrens wegen Kindeswohlgefährdung verhandelt wurden, die psychische Erkrankung eines oder beider Elternteile eine erhebliche Rolle gespielt hat[6]. Eine weitere Studie ergab, dass nur 51,8 % der erkrankten Mütter und nur 27,8 % der erkrankten Väter, die vom Jugendamt betreut wurden, mit ihren Kindern in einem Haushalt lebten. 1/3 der Kinder befindet sich in Pflegefamilien und 33,6 % befinden sich in einer Fremdunterbringung[7]. Insofern stellt sich für die Fachkräfte des Jugendamtes die Frage, inwiefern die erkrankten Eltern überhaupt erziehungsfähig sind, anhand welcher Kriterien die Erziehungsfähigkeit psychisch kranker Eltern eingeschätzt werden kann, unter welchen Bedingungen eine Hilfe noch ausreichend bzw. geeignet ist, wie diese Hilfen gestaltet werden müssen und welches Wissen für die Zusammenarbeit mit der Zielgruppe notwendig ist. Zu Fragen über die spezifischen Störungsbilder und des jeweiligen Krankheitsverlaufes der einzelnen Personen müssen Fachkräfte psychiatrischer Dienste, Institutionen und Einrichtungen herangezogen werden. Sie müssen einschätzen, auf welche Dauer und in welcher Intensität sich die Erkrankung bewegt und ob es sich um kontinuierliche, episodenhafte oder vorübergehende Erkrankungen handelt[8]. Die Jugendhilfe selbst kann mit ihrem Wissen keine Antwort auf diese Fragen finden. Sie müssen jedoch lernen, prognostische Gutachten zu lesen, diese zu verstehen und Konsequenzen für die eigene Arbeit daraus ziehen zu können. Sie müssen das Wissen auf ihre Fragestellung übertragen, inwiefern die Eltern in der Lage sind, die Versorgung, Erziehung und Betreuung des Kindes zu gewährleisten, sodass das Kind keinen (zu erwartenden) erheblichen Schaden davon trägt[9]. Die Schwierigkeit besteht darin, sichere und zuverlässige Prognosen erstellen zu können. In diesem Fall bauen sogar prognostische Einschätzungen auf weiteren prognostischen Einschätzungen auf, welche das Leben der Klienten und Klientinnen maßgeblich bestimmen werden. Mehr Sicherheit wird über gutes fachinternes sowie fachübergreifendes Wissen erlangt.

2 Psychische Erkrankungen als Familienkrankheit

Psychische Erkrankungen eines oder beider Elternteile haben nicht nur Auswirkungen auf die Lebenssituation der Betroffenen selbst, sondern auch für diejenigen, die sich in deren näheren

---

[5] vgl. Reinhold/Kindler 2006: 18-1
[6] vgl. Mattejat/ Lisofsky 1998: 107
[7] vgl. Schone/Wagenblass 2002: 87,89
[8] vgl. Schone/ Wagenblass 2002:12
[9] vgl. Schmid/Meysen 2006: 2-5, vgl. Zitelmann 2010: 132

Umfeld bewegen. In dem Fall von psychischen Erkrankungen eines oder beider Elternteile ist dies mit starken Beeinträchtigungen und zusätzlichen Belastungen für die Familienangehörigen verbunden[10]. Im Folgenden wird darauf eingegangen, welche Auswirkungen dies auf die Lebenswelt und Erziehungsfähigkeit der/ des Betroffenen und deren Kind/er hat.

2.1 Psychische Erkrankung aus der Sicht des/ der Erkrankten

„Wir sehen die Patienten wie sie sich hier zeigen. Die sind hier mitunter nicht in der Lage, in der Ergotherapie konzentriert zu arbeiten und vergessen da alles, machen alles falsch. Oder machen eine Stunde was und müssen sich erst mal wieder hinlegen. Das ist natürlich eine Zeit, das ändert sich mit der Zeit. Sie werden stabiler und sie kriegen das eine oder andere auch wieder mehr hin und besser hin. Trotzdem bleibt da immer so dieses Gefühl (…). Was macht der denn, wie will der denn schaffen, mit dem Kind in Beziehung zu treten oder sich um das Kind zu kümmern." (Aussage einer Mitarbeiterin der Psychiatrie)[11].

Studien haben gezeigt, dass psychisch kranke Mütter im Umgang mit ihren Kind deutlich andere Verhaltensweisen als gesunde Mütter zeigen: Sie gehen unter Anderem weniger empathisch auf das Kind ein, äußern vermehrt negative Gefühle und Feindseligkeiten, sie kommunizieren sprachlich und non-verbal weniger mit dem Kind, sie nehmen das Kind nicht wahr und konzentrieren sich auf ihre Wahnvorstellungen, neigen zu extremen Stimmungsschwankungen zwischen Wut und extremer Zuneigung[12]. Sie sind nicht in der Lage, die kindlichen Bedürfnisse wahrzunehmen und ausreichend darauf einzugehen. Ebenso ist es ihnen nicht möglich, dem Kind emotionale Sicherheit, Stabilität und Kontinuität zu geben. Besonders schwierig wird die Situation dann, wenn Eltern ihre Kinder in Wahnvorstellungen verwickeln. In dieser Aufzählung werden primäre Faktoren genannt, die sich auf die kindliche Entwicklung auswirken. Hinzu kommen sekundäre Folgen wie z. B. die Vernachlässigung des Haushaltes, Partnerschaftskonflikte, finanzielle Erschwernisse, sozialer Rückzug, welche die Kinder ebenso schwer belasten können[13]. Um die Betreuung, Versorgung und Erziehung des Kindes ist es deshalb häufig notwendig, Unterstützung aus dem sozialen Umfeld zu beziehen. Häufig kommen die Klienten und Klientinnen des Jugendamtes jedoch aus derart zerrütteten Verhältnissen, sodass dies nicht mehr möglich ist[14]. Dieser Schritt kann auch an der fehlenden Mobilisationsfähigkeit der Erkrankten scheitern oder ganz grundlegend an einer fehlenden Krankheitseinsicht[15]. Je prekärer sich die Situation jedoch gestaltet, desto stärker werden die

---

[10] vgl. Christiansen/Pleininger-Hoffmann 2006: 65, 71
[11] vgl. Schone/Wagenblass 2002: 100
[12] vgl. Schone/Wagenblass 2002: 20
[13] vgl. Mattejat/Lisofsky 1998: 69
[14] vgl. Schone/Wagenblass 2002: 41, 107
[15] vgl. Schone/Wagenblass 2002: 105, Mattejat/Lisofsky 1998: 72

Schuldgefühle der Erkrankten gegenüber ihren Angehörigen. Aufgrund der zunehmenden Angst vor einer Herausnahme des Kindes durch das Jugendamt, wird das dieses entweder gar nicht oder nur sehr spät einbezogen, sodass am Ende häufig kein anderer Weg bleibt, als das Kind zur Sicherstellung aus der Herkunftsfamilie herauszunehmen[16].

2.2 Psychische Erkrankungen aus der Sicht der Kinder

In Anbetracht der Beeinträchtigungen, die aus der psychischen Erkrankung der Eltern resultieren stellt sich aus Sicht des Jugendamtes zunächst die Frage, welche Folgen sich für die Entwicklung, die Lebenssituation und das Erleben des Kindes daraus entwickeln. Die Kinder selbst führen die Gründe für die Erkrankung der Eltern häufig auf die eigene Person, das eigene Verhalten zurück und entwickeln starke Schuld- und Verantwortungsgefühle[17]. Häufig übernehmen sie Aufgaben zur Aufrechterhaltung des Alltages und der Versorgung und Betreuung der/des Erkrankten (Parentifizierung)[18]. Sie stellen ihre eigenen Bedürfnisse in den Hintergrund und zentrieren ihre Person auf die Bedürfnisse ihres Umfeldes. Sind Geschwister vorhanden, übernimmt häufig das älteste Kind die Verantwortung für diese. Es werden Aufgaben und Verantwortlichkeiten durch Kinder übernommen, die nicht dem Alters- und Entwicklungsstand entsprechen. Dadurch entsteht ein erhöhtes Risiko der Überlastung des Kindes. Hinzu kommen, dass das Kind wenig Kontinuität und Sicherheit durch seine Eltern erfährt. Die Kinder erleben des Häufigeren Beziehungsabbrüche und Trennungen[19]. Angst ist ein ständiger Begleiter des Kindes sowie das Gefühl, sich selbst überlassen und für sich selbst verantwortlich zu sein[20]. Das Kind kann kaum oder nicht nur schwer Vertrauen in seine Umwelt aufbauen und kann sehr irritiert von den unverständlichen Verhaltensweisen der Eltern sein. Dies kann soweit gehen, dass das Kind an seinen eigenen Wahrnehmungen zweifelt[21]. Einen großen Schutzfaktor stellt die sogenannte Triangulierung dar. Das heißt, dass das Kind Kontakte zu Außenstehenden hat, mit denen es über seine negativen Erfahrungen reden kann, sich aufgehoben und verstanden fühlt und positive Erlebnisse sammeln kann[22]. Aufgrund der Tabuisierung der Erkrankung der Eltern aus Loyalitätskonflikten sowie der starken Einbindung in den alltäglichen Aufgaben ist es den Kindern häufig jedoch nicht möglich, mit anderen in Kontakt zu treten[23]. Das heißt, dass sie mit schweren Abwertungserlebnissen und anderen irritierenden, angsteinflößenden Erfahrungen selbst umgehen müssen. Betroffene berich-

---

[16] vgl. Schone/Wagenblass 2002: 13, 128
[17] vgl. Schone/Wagenblass 2002: 161-163, Mattejat/Lisofsky 1998: 73
[18] vgl. Wagenblass 2006: 57-2
[19] vgl. Schone/Wagenblass 2002: 13
[20] vgl. Schone/Wagenblass 2002: 167
[21] vgl. Schone/Wagenblass 2002: 167
[22] vgl. Salgo/Fegert/Zitelmann 2010: 131, vgl. Wagenblass 2006: 57-3
[23] vgl. Mattejat/Lisofsky 1998: 73

ten nach einigen Jahren häufig davon, dass sie nicht fähig waren und sind, Schwieriges oder eigene Gefühle anzusprechen. Sie erzählen auch, dass sie sich von ihren eigenen Gefühlen abgespalten haben und auf die Situation so emotionslos zurückblicken, als handle es sich dabei um eine andere Person[24]. Häufig entwickeln Kinder psychisch kranker Eltern selbst psychische Erkrankungen: 1/3 der Patienten und Patientinnen der Kinder- und Jugendpsychiatrie sind Kinder aus Elternhäusern mit mindestens einem psychisch kranken Elternteil[25].

3 Zusammenarbeit von Psychiatrie und Jugendamt

In der Literatur wird vermehrt über die Notwendigkeit der Kooperation von Psychiatrie – als Teil des Gesundheitswesens - und Jugendamt geschrieben[26]. Die Herausforderung besteht nicht nur darin, die verschiedenen Aufträge dieser Bereiche aufeinander abzustimmen, sondern ebenso dessen Handlungsanforderungen und gegenseitige Erwartungen.

Der Auftrag der Psychiatrie besteht darin, den Erkrankten zu einer schnellen Genesung zu verhelfen. Hierzu ist es auch möglich, Angehörige in die Arbeit mit einzubeziehen[27]. Der Auftrag des Jugendamtes besteht jedoch darin, das Wohl des Kindes zu schützen. Häufig geschieht dies mit erzieherischen Hilfen über die Zusammenarbeit mit den Eltern[28]. Es zeigen sich zwei verschiedene konkurrierenden Handlungslogiken[29]. Zeitweise fühlt sich die Psychiatrie durch die Jugendhilfe instrumentalisiert, andersrum nimmt die Jugendhilfe wahr, dass die Kinder durch die Psychiatrie zur Genesung und zum Wohlbefinden der erkrankten Eltern instrumentalisiert werden[30]. Demnach müssen Möglichkeiten der Kooperation und Hilfeerbringung gefunden werden, die beide Aufträge miteinander vereinbaren. Dazu müssen folgende Diskrepanzen überwunden werden:

-       Handlungsdruck: Patient_innen der Psychiatrie nehmen Angebote in der Regel freiwillig in Anspruch, während zur Sicherung des Kindeswohls in die Elternrechte eingegriffen werden kann[31].

-       Die Patient_innen der Psychiatrie haben Angst vor dem Kontakt mit dem Jugendamt und die Klient_innen des Jugendamtes vermeiden Hilfen durch die Psychiatrie[32].

---

[24] vgl. Schone/Wagenblass 2002: 165, 168
[25] vgl. Schone/Wagenblass 2002: 18
[26] vgl. Schone/Wagenblass 2002: 96, Mattejat/Lisofsky 1998: 154, vgl. Pluto/Santen/Seckinger 2006: 31
[27] vgl. Schone/Wagenblass 2002: 96, vgl. Heim 2006: 73
[28] vgl. Schone/Wagenblass 2002: 107-109
[29] vgl. Pluto/Saten/Seckinger 2006: 40
[30] vgl. Schone/Wagenblass 2002.: 122, 96-97
[31] vgl. Schone/Wagenblass 2002: 124
[32] vgl. Schone/Wagenblass 2002: 128, 105

- Die Fachkräfte der Psychiatrie haben unzureichendes Wissen über die frühkindliche Entwicklung sowie über das Erleben und die Bedürfnisse von Kindern. Andererseits hat das Jugendamt wenig Wissen über psychische Erkrankungen[33].

- Zeitperspektiven und institutionelle Bearbeitungszeit: Die Psychiatrie strebt mit der Psychiatriereform eine möglichst schnelle Entlassung des Klienten an, während das Jugendamt Zeit für eine fachlich gesicherte Entscheidung benötigt[34].

- Kinder erleben Zeit anders als Erwachsene. Für Erwachsene ist ein Jahr überschaubar, während dies für die kindliche Entwicklung ein sehr langer Zeitraum ist[35].

- Die Psychiatrie genießt das Erstellen prognostischer Gutachten mit großer Vorsicht und zögert dies hinaus. Das Jugendamt benötigt die fachliche Einschätzung der Psychiatrie zur weiteren Planung der Interventionsschritte[36].

Die Spannungsfelder der Psychiatrie und der Jugendhilfe bewegen sich deshalb immer zwischen dem Kindes- und dem Elternwohl, der Hilfe und Kontrolle, der Autonomie und dem Zwang, der Prävention und Intervention, der Besonderung und Normalisierung sowie der Niederschwelligkeit und der Komm-Struktur[37].

4   Fazit

In Anbetracht der geschilderten Sachlage zeigt sich folgendes Bild:

Die Einschätzung der Erziehungsfähigkeit psychisch kranker Eltern bedarf der Kooperation von Jugendhilfe und Psychiatrie. Hierzu müssen geeignete Verständigungs- und Kooperationsformen entwickelt und erprobt werden. Grundsätzlich ist auch die psychische Erkrankung eines oder beide Elternteile nicht per se ein Grund für die Herausnahme des Kindes. Insbesondere innerfamiliäre Ressourcen sowie Unterstützung im sozialen Umfeld können die Bedarfe der Kinder abfangen. Ist dies jedoch nicht gegeben, so erweist sich die familiäre Situation als sehr kritisch. Um hier fachlich gesicherte Entscheidungen zum Wohle des Kindes treffen zu können, benötigen die Fachkräfte des Jugendamtes ausreichend Informationen über psychische Erkrankungen und deren Auswirkungen auf das Kindeswohl. Hier zeichnet sich derzeitig allerdings noch ein großes Defizit ab. Ebenso müssen geeignete und spezifische Hilfen für Kinder mit psychisch kranken Eltern entwickelt werden[38].

---

[33] vgl. Schone/Wagenblass 2002: 83, 108, 85
[34] vgl. Schone/Wagenblass 2002: 130-131
[35] vgl. Schone/Wagenblass 2002: 133
[36] vgl. Schone/Wagenblass 2002: 134
[37] vgl. Schone/Wagenblass 2002: 147
[38] vgl. Wagenblass 2006: 57-1

Literaturverzeichnis

CHRISTIANSEN, Veronika/PLEININGER-HOFFMANN, Marite (2006): Auswirkungen psychischer Erkrankungen auf Familiensysteme. In: Schone, Reinhold/Wagenblass, Sabine (Hg.): Kinder psychisch kranker Eltern zwischen Jugendhilfe und Erwachsenenpsychiatrie, Weinheim u.a.: Juventa, S. 65-72.

HEIM, Susanne (2006): ...und (k)einen Platz für Kinder? Ein „blinder Fleck" der Angehörigenarbeit in der Psychiatrie. In: Schone, Reinhold/Wagenblass, Sabine (Hg.): Kinder psychisch kranker Eltern zwischen Jugendhilfe und Erwachsenenpsychiatrie, Weinheim u.a.: Juventa, S. 73-76.

MATTEJAT, Fritz/LISOFSKY, Beate (1998): Nicht von schlechten Eltern. Kinder psychisch Kranker, Bonn: Psychiatrie-Verlag.

PLUTO, Liane/ Santen, Eric van/SECKINGER, Mike (2006): Kooperation – Verhängnis oder Verheißung. In: SCHONE, Reinhold/Wagenblass, Sabine (Hg.): Kinder psychisch kranker Eltern zwischen Jugendhilfe und Erwachsenenpsychiatrie, Weinheim u.a.: Juventa S. 31-47.

REINHOLD, Claudia/KINDLER, Heinz (2006): Was ist über Eltern, die ihre Kinder gefährden bekannt? In: Werner, Annegret u.a. (Hg.): Handbuch Kindeswohlgefährdung nach § 1666 BGB und Allgemeiner Sozialer Dienst (ASD), S. 18-1 – 18-7.

SALGO, Ludwig/FEGERT, Jörg M./ ZITELMANN, Maud (Hg.) (2010): Verfahrensbeistandschaft. Ein Handbuch für die Praxis (2. überarb. und akt. Aufl.), Köln: Bundesanzeiger Verlagsges. mbH.

SCHMID, Heike/MEYSEN, Thomas (2006): Was ist unter Kindeswohlgefährdung zu verstehen? In: Werner, Annegret u.a. (Hg.): Handbuch Kindeswohlgefährdung nach § 1666 BGB und Allgemeiner Sozialer Dienst (ASD), S. 2-1 – 2-9.

SCHONE, Reinhold/WAGENBLASS, Sabine (2002): Wenn Eltern psychisch krank sind... Kindliche Lebenswelten und institutionelle Handlungsmuster, Münster: Votum.

WAGENBLASS, Sabine (2006): Was ist bei psychisch kranken Eltern zu berücksichtigen? In: Werner, Annegret u.a. (Hg.): Handbuch Kindeswohlgefährdung nach § 1666 BGB und Allgemeiner Sozialer Dienst (ASD), S.57-1 – 57-5.